Herzliches lachen mit
schönen Sein und Natur
genießen …..
ein Buch mit schönen
Gedanken und Indianer
Erinnerungen und natürlich
sein und geschrieben in
deutscher und englischer
Sprache und einfach ein
Buchele

von Peter Oberfrank – Hunziker

Impressum:

Bibliografische Information der Deutschen
Nationalbibliothek: Die Deutsche
Nationalbibliothek verzeichnet diese Publikation
in der Deutschen Nationalbibliografie;
detaillierte bibliografische Daten sind im
Internet über www.dnb.de abrufbar.

© 2020 Peter Oberfrank – Hunziker
Herstellung und Verlag
BoD – Books on Demand, Norderstedt

ISBN 9783750470170

Heiratstag (= in deutscher Sprache)

Wedding day (= in englischer
Sprache)

Blumentag (= in deutscher Sprache)

Flower day (= in englischer Sprache)

Indianertag (= in deutscher Sprache)

American Indian day (= in englischer Sprache)

Natur und NHL Sport Tag (= in deutscher Sprache)

Nature and NHL sports day (in englischer Sprache)

glücklich sein (= in deutscher Sprache)

happy being (= in englischer Sprache)

freudig sein (= in deutscher Sprache)

lucky being (= in englischer Sprache)

in der Kirche mit schönen Blumenschmuck sein (= in deutscher Sprache)

being in church with colourful flower decoration (= in englischer Sprache)

AHL ist Schönheit und Kreativität
und guten Sport trainieren und in der
Natur sein (= in deutscher Sprache)

AHL is beauty and creativity and
good sport training and being in
nature (= in englischer Sprache)

NHL ist reiner Sport mit perfekten
Sein und Natur genießen und
technisch arbeiten (= in deutscher
Sprache)

NHL is purincy by sport doing and
perfect being and nature enjoying and
technical working (= in englischer
Sprache)

Privatheit (= in deutscher Sprache)

Privacy (= in englischer Sprache)

Faschingsprinz (= in deutscher Sprache)

Fasching prince (= in englischer Sprache)

Saint Patrick Tag mit bunten Farben
feiern und mit Musik und modischer
Kleidung in der Kirche mit
Bezeichnung „Peter und Elke und
Miri und Tiri und Liri und Amelie und
Linea und Michelle und Aurora und
Anna und Michaela und Leila und
und Lindsey und Alice und Isabel und
Elisabeth und Isabelo und Elisabetha
und Kristiane und Kristiano und
Kristiana und Familie" ewig tanzen
und spaßig sein mit ewigi witzen und
Eishockeyfest zur Weihnachtszeit
genießen und sich auf Ostern freuen
und reisen und fröhlich sein (= in
deutscher Sprache)

Saint Patricks day celebrating with
mixed colours and with music and
fashionable clothing in the church
with naming „Peter and Elke and Miri
and Tiri and Liri and Amelie and
Linea and Michelle and Aurora and

Anna and Michaela and Leila and Lindsey and Alice and Isabel and Elisabeth and Isabelo and Elisabetha and Kristiane and Kristiano and Kristiana and family" ever dancing and joyful being with ewigi jokis and icehockey festival at christmas time and looking forward to Easter fest and travelling and smiling being (= in englischer Sprache)

Bei meinem Geburtsort in Rapperswil
in der Schweiz den schönen
Geburtstag feiern und in New York
den glanzvollen Naturtag feiern (= in
deutscher Sprache)

By my birth place Rapperswil in
Swiss celebrating nice birthday and in
New York the glamerous nature day
celebrating (= in englischer Sprache)

Am Chicago Sportag im Sportstadium
und Naturstadium die Sportarten
feiern und auch den Architekturtag
mit schönen Gebäuden und genauer
Technik ewig feiern (= in deutscher
Sprache)

On chicago sportday in sportstadium
and nature stadium celebrating all
sports doing and also ever celebrating
architectual day with comfort
buildings and accurate technic (= in
englischer Sprache)

Einzigartig sein (= in deutscher
Sprache

Unique being (= in englischer
Sprache)

Natur (= in deutscher Sprache)

nature (= in englischer Sprache)

Lustiges Gestalten eines
Sommerhutes in der Farbe orange und
in der Natur spazieren gehen (= in
deutscher Sprache)

With smiling creating a summer hat
with colour orange and walking in the
nature (= in englischer Sprache)

Sport machen (= in deutscher Sprache)

sports doing (= in englischer Sprache)

Blumen gießen (= in deutscher
Sprache)

Flowers watering (= in englischer
Sprache)

Weihnachtsbaum (= in deutscher
Sprache)

christmas tree (= in englischer
Sprache)

Schi fahren (= in deutscher Sprache)

skiing (= in englischer Sprache)

NHL Museum (= in deutscher
Sprache)

NHL museum (= in englischer
Sprache)

Philosophie (= in deutscher Sprache)

philosophy (= in englischer Sprache)

Kreativität (= in deutscher Sprache)

creativity (= in englischer Sprache)

Kunstvoll mit Indianerschmuck sein
(= in deutscher Sprache)

artful great being wit american indian
designing (= in englischer Sprache)

Eisfest und Sonnefest und Sandfest und Wasserfest und Steinefest und Farbenfest und ET Sportfest ewig feiern und Sportgymnastik machen und lachen (= in deutscher Sprache)

Icefestival and sunfestival and sandfest and waterfestival and stone festival and clours festival and ET sport festival ever celebrating and doing sporty gymnastic with smiling (= in englischer Sprache)

wandern in der Natur (= in deutscher
Sprache)

wandering in nature (= in englischer
Sprache)

farbiger Wasserfall (= in deutscher
Sprache)

colourful waterfall (= in englischer
Sprache)

im Weltall sein (= in deutscher
Sprache)

being at all planets (= in englischer
Sprache)

spaßig sein (= in deutscher Sprache)

joying (= in englischer Sprache)

NHL Stanley cup und NHL Medaillen
und NHL Geschenke Feier (= in
deutscher Sprache)

NHL Stanley cup and NHL medali
and NHL presents festival (= in
englischer Sprache)

Familie (= in deutscher Sprache)

family (= in englischer Sprache)

machen (= in deutscher Sprache)

doing (= in englischer Sprache)

Clown (= in deutscher Sprache)

clown (= in englischer Sprache)

Naturarbeiter und Techniker und
ewiger NHL Sportler mit glücklich
sein ist Peter Oberfrank – Hunziker (=
in deutscher Sprache)

natureworker and technical worker
and ever NHL sport player with
happy being is Peter Oberfrank –
Hunziker (= in englischer Sprache)

blumig (= in deutscher Sprache)

flowerig (= in englischer Sprache)

rodeln (= in deutscher Sprache)

sledging (= in englischer Sprache)

Gemütliches Kostüm und modisch
mit Rüschenmodekleidung (= in
deutscher Sprache)

comedy costume and fashionable
rüschenfashionwearing (= in
englischer Sprache)

grüner Baum (= in deutscher Sprache)

green tree (= in englischer Sprache)